조은수

수학 팟캐스트를 들으며 수포자 알을 깨고 나와 수리영역 걸음마를 하고 있다.
아직은 엉덩방아 찧기 일쑤지만 처음 맛보는 탐구생활에 빠져 열심히 걷고 있다나.
신이 주신 영양 도시락 달걀을 까먹고 날마다 중랑천을 걸으면서 이 책을 구상했다고 한다.
그동안 지은 책으로는 〈톨스토이의 아홉 가지 단점〉〈숫자가 무서워〉〈공부는 왜 하나?〉가 있다.

달걀 생각법

달걀 생각법

초판 1쇄 인쇄 2019년 11월 30일 | 초판 2쇄 발행 2020년 11월 13일
글·그림 조은수 | 책임편집 전소현 | 편집 이은희 | 디자인 권석연
펴낸이 전소현 | 펴낸곳 만만한책방 | 출판등록 2015년 1월 8일 제2015-000008호
주소 경기도 고양시 일산서구 고양대로 706-12 (208동 1101호)
전화 070-5035-1137 | 팩스 0505-300-1137
전자우편 manmanbooks@hanmail.net | 페이스북 www.facebook.com/manmanbooks

ISBN 979-11-89499-07-5 73010
ⓒ조은수, 2019

이 도서는 한국출판문화산업진흥원의 '2019년 우수출판콘텐츠 제작 지원' 사업 선정작입니다.

이 도서의 국립중앙도서관 출판예정도서목록(CIP)은 서지정보유통지원시스템 홈페이지(http://seoji.nl.go.kr)와
국가자료종합목록 구축시스템(http://kolis-net.nl.go.kr)에서 이용하실 수 있습니다. (CIP제어번호 : CIP2019045017)
잘못된 책은 바꾸어 드립니다. 책값은 뒤표지에 있습니다.

품명: 아동 도서 | 사용연령: 10세 이상 | 제조국: 대한민국 | 제조년월: 2020년 11월 13일
제조자명: 만만한책방 | 연락처: 070-5035-1137 | 주소: 경기도 고양시 일산서구 고양대로 706-12 (208동 1101호)
⚠ **주의** 종이에 베이거나 긁히지 않도록 조심하세요. 책 모서리가 날카로우니 던지거나 떨어뜨리지 마세요.
KC마크는 이 제품이 공통안전기준에 적합하였음을 의미합니다.

달걀 생각법

조은수

만만한책방

아인슈타인의 달걀 방정식 ... 8

아르키메데스의 달걀 샌드위치 정리 ... 16

레오나르도 다빈치의 영원불멸 달걀 ... 20

피카소의 달걀 뺄셈 ... 28

마르셀 뒤샹의 기성품 달걀 ... 34

한나 아렌트의 정치적 달걀 ... 38

무하마드 알리의 달걀로 바위 치기 ... 44

데카르트의 달걀 좌표 ... 48

뉴턴의 만유인력 달걀 ... 52

우사인 볼트의 오백 마일 달걀 ... 60

브라운 신부의 홍차 달걀 ... 62

푸앵카레의 세상의 모든 달걀 ... 67

페렐만의 달걀빵 ... 68

달걀 공화국 ... 71

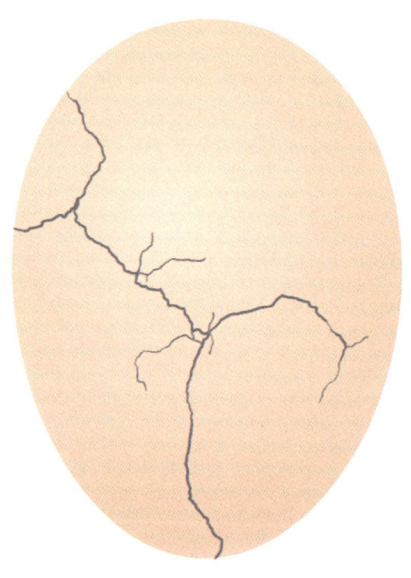

달걀은 밖에서 깨면 맛난 요리가 되고
안에서 깨면 귀한 생명이 되지.
그리고 사람은 달걀 하나로 우주를 사유할 수 있어.
뻥이라고?
믿기지 않는다면 이 책에 나오는 달걀 천재들을 만나 봐!

빠지직

달걀을 깨고 나오듯

유레카

우주의 원리를 발견한 달걀 천재들을…….

아인슈타인의 달걀 방정식

나는 생각 천재 아인슈타인.
날마다 달걀 두 개를 먹지.
그리고 날마다 놀라운 생각을 해내.
오늘 해낸 놀라운 생각은 이거야.

1 + 1 = 1

왜냐고?
프라이팬에 달걀 두 개를 깨뜨려 봐.
휘휘 저으면 하나가 되잖아.
하나에 하나를 더하면 더 큰 하나가 되는 게
우주의 비밀이야.

봐,
1+1=2가
아니라
1이지.

바늘을 잡아당기는 거야?

아주 어렸을 때 아파서 누운 나에게 아빠가 멋진 선물을 주었어.
나침반.
이상도 하지. 건전지도 없는데 저 혼자 움직이네.
아, 어딘가에 안 보이는 힘이 있나 봐.
이 나침반의 바늘을 잡아당기는 흔드는 움직이는
그래, 이 세상을 움직이는 안 보이는 원리가 있는 거야.
나는 그때부터 그 원리를 찾아 여행을 떠났어.
몸은 스위스 베른 특허국 사무소에 앉아
손으로는 도장을 쾅쾅 찍어 대지만
내 생각은 빛을 타고 우주를 날았지.
대체 빛을 타고 우주를 여행하면 어떤 일이 벌어질까?

나는 생각 천재 아인슈타인.
왜 과학자들은 빛은 파동이거나 입자거나
둘 중 하나라고만 생각하지?
왜 둘 다일 수는 없다고 생각할까?
하나 더하기 하나는
더 큰 하나가 될 수도 있는데
달걀 요리처럼 말야.

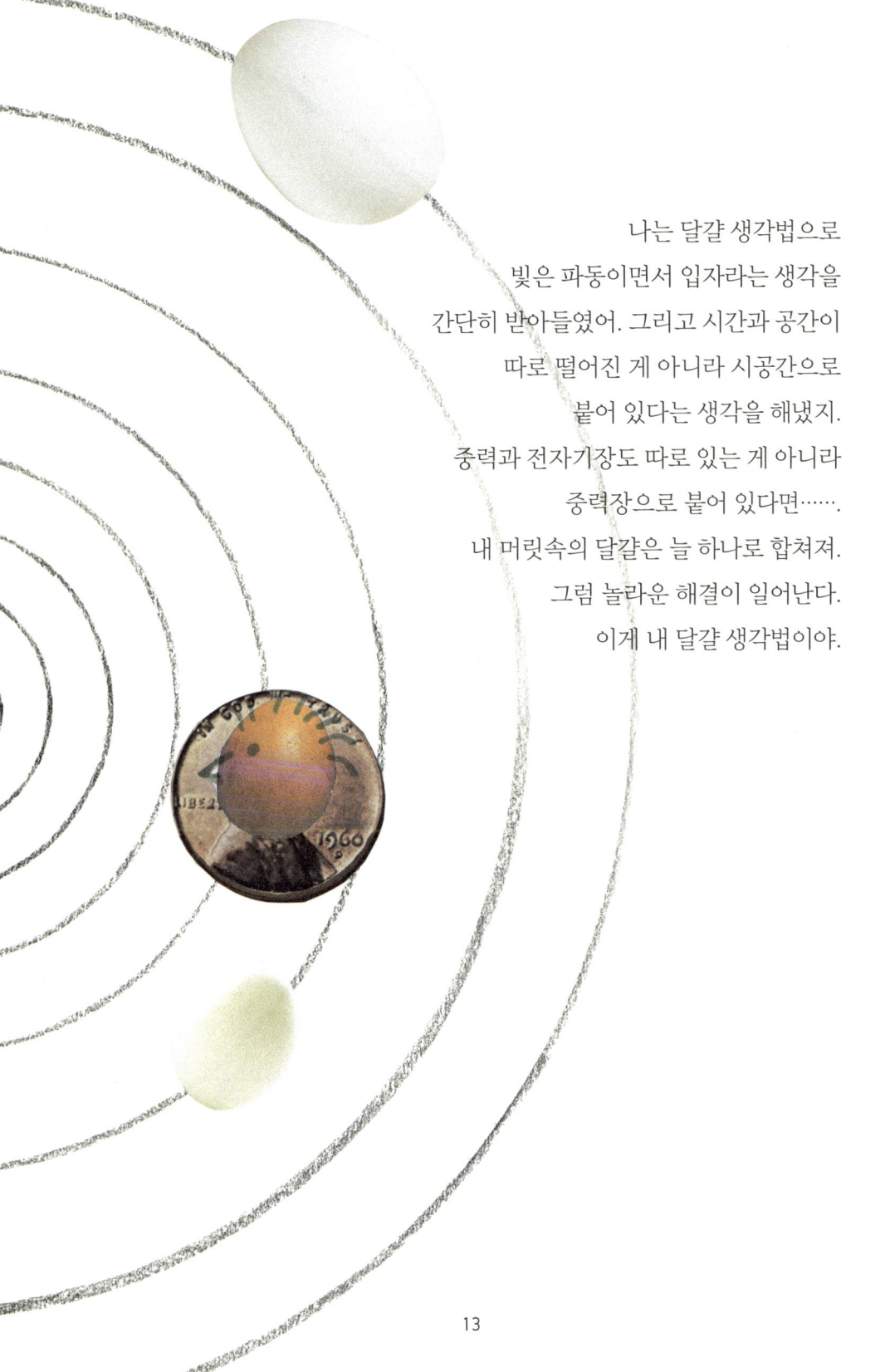

나는 달걀 생각법으로
빛은 파동이면서 입자라는 생각을
간단히 받아들였어. 그리고 시간과 공간이
따로 떨어진 게 아니라 시공간으로
붙어 있다는 생각을 해냈지.
중력과 전자기장도 따로 있는 게 아니라
중력장으로 붙어 있다면…….
내 머릿속의 달걀은 늘 하나로 합쳐져.
그럼 놀라운 해결이 일어난다.
이게 내 달걀 생각법이야.

오늘의 우주 모형은 달걀 프라이.
우주는 반듯한 선반이 아니라 울럭꿀럭한 달걀 프라이야.
도톰한 노른자가 은하라면 얄따란 흰자는 암흑 물질.
이리저리 휘고 구부러지고 때로 끊어졌다 이어지는 움푹진푹 달걀 프라이.
그게 우리가 사는 시공간이고 지구가 도는 우주야.
아, 생각을 많이 했더니 배가 고프군. 그럼 우주를 한입에 호로록 넣어 볼까!
다시 머릿속으로 달걀을 굴려 봐.
움푹진푹 우주에 달걀이 굴러가면서 멋진 달걀 궤도가 생겨나는 게 보이지?

아르키메데스의 달걀 샌드위치 정리

내 이름은 아르키메데스.
직업은 귀족, 취미는 수학이야.
수학처럼 우아한 학문은 없거든.
사람들은 나를 모래알을 세는 남자라고 부르지.
가령 나를 사로잡는 질문은 이런 거야.
우주를 채우려면 모래알이 몇 개나 필요할까?
지구를 지렛대 하나로 들 수 있을까?
무거운 배를 들어 올리는 데 도르래 몇 개면 될까?
원뿔을 요리조리 자르면 어떤 도형이 나올까?
그러니까 우주의 모든 먼지들의 크기와 넓이와 깊이와 무게
그것들을 계산하는 게 내 일생일대의 문제야.
이 우주에 수로 셀 수 없고 이해할 수 없는 건 없거든.
무엇이든 생각에 생각을 거듭하면 알아낼 수 있……

앗, 꼬르륵 뇌에서 연료를 주입하라는 신호를 보내는군.

인간이 셀 수 없고 이해할 수 없는 건 이 우주에는 없다.

간단하게 달걀 샌드위치나 만들어 먹으며
나의 오래된 숙제 원의 넓이를 구해 볼까?
동그란 원의 넓이를 어떻게 구하냐고?
걱정 마. 이럴 때 쓰라고 샌드위치 정리가 있잖아.

샌드위치처럼 원을 사각형으로 감싸는 거야.
원에 닿는 사각형을 바깥에 하나 그리고
원 안에도 닿는 사각형을 그려 봐.
그럼 원 넓이는 바깥의 사각형 넓이보다는 작고
안쪽의 사각형 넓이보다는 크겠지.
이렇게 원 안팎의 사각형을 오각형, 육각형 점점 늘려 가다가
육십각형, 칠십각형, 팔십각형, 구십각형…….
구십육각형까지 그려 보면 둘 사이의 값은 더욱더 좁아지지.
달걀과 빵 사이가 완전히 밀착될 때까지.
그럼 정확한 원 넓이는 구하기 어려워도
어떤 수와 어떤 수 사이의 값이라는 건 알 수 있어.
유레카!
이런 걸 샌드위치 정리라고 해.
정말 맛있는 수학이지, 안 그래?

VENI, VIDI, VICI!

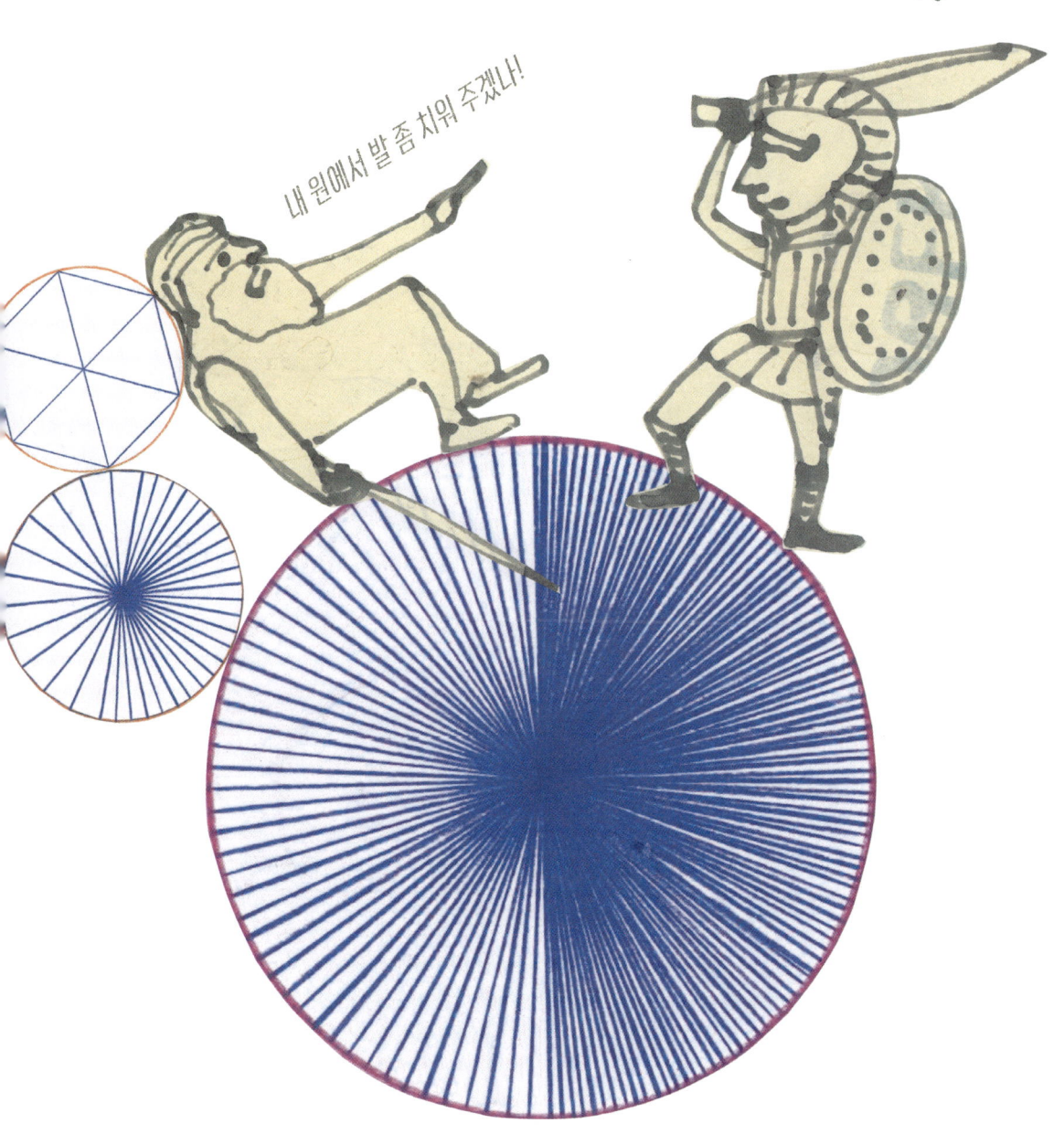

레오나르도 다빈치의 영원불멸 달걀

내 직업은 좀 많아.
요리사, 연회 기획자, 토목 기사, 건축가, 조각가, 화가, 무기 발명가…….
그때그때 돈 되는 일이면 뭐든지 다 하니까.
밀라노, 피렌체, 베네치아, 로마, 어디든 불러 주면 간다가 내 원칙.
이리저리 굴러다니는 돌멩이처럼 어디든 굴러가는 게 내 일생.
요즘은 밀라노의 스포르차 궁정에서 요리사로 일하는 중.
자, 이번 스포르차 공작 조카딸 결혼식에는 어떤 요리를 할까?

상추 잎 위에 올린 작은 오이 반쪽짜리 두 쪽
자고새 한 마리 가슴살
댕기물떼새 알 하나
민들레 잎 위에 올린 개구리 다리.
우웩이라고?
너도 소스 범벅인 요리에 혀를 잃었구나.
내가 만든 요리를 맛보면 달라질걸.
재료 본래의 맛이란 이런 거구나, 깨달으며 참회할 거야.
앗! 국자를 또 솥에 빠뜨렸네.
부엌은 물리학투성이야.
슬쩍 미끄러지고 퉁 튕겨 나가고 톡톡톡 썰다가
뎅구르르르 떨어지고 지글지글 끓고 뽀글뽀글 김 나고
증기력 압력 마찰력 열력 분해력 융합력 이 모든 것 위에…….
헉! 연기가 가득 차서 앞이 안 보이네.
무엇보다 연기와 김을 효과적으로 빼내야 돼.
그래야 쾌적한 주방 분위기가 유지되거든.
뭐? 달걀은 어디에 쓸 거냐고?

달걀은 물감으로 쓸 거야.
마가의 다락방에서 예수님과 열두 제자가 나눈 최후의 만찬을
지금 이 수도원 식당에서 벌어지는 것처럼 생생하게 그리려면 어떻게 해야 할까?
고민에 고민을 거듭했지. 수도원장은 재촉에 재촉을 거듭했어.
유레카! 달걀노른자에 아마씨 기름을 섞어서 나만의 물감을 만드는 거야.
내가 만든 다빈치표 달걀 물감은 빨리 마르고 색이 아름다워.
칠하고 고치고 또 고치고 또 칠해도 생생한 색깔에 살아 있는 표정!

수도원장 눈이 휘둥그레질걸.
자기 얼굴이 가룟 유다로 영원불멸하는 걸 확인하면
심통 맞은 수도원장은 어떤 기도를 올릴까? 흐흐흐흐흐.
미안해. 내 달걀 물감 덕분에 흐려지고 번지고 부서지고
바스러지는 그림을 잡으려 무던히 애쓰는 복원 화가들에게.
그래도 하나는 알았잖아. 벽화에는 달걀이 좋지 않다는 사실.

수도원장은 왜 모를까?
꾸물거리고 미적대는 동안에야 생각이 무르익는다는 걸.
생각의 붓으로 뒹구는 시간에도 일하는 중이라는 걸.
뭐든 해 보고 결과를 얻는 데에는 시간이 걸린다는 걸.
나더러 좋은 학교를 못 나왔다고 라틴어를 못한다고 흉보는
거만한 멍청이들은 하나도 자기가 해 보고 알아내는 건 없지.
그들이 내세우는 건 오직 하나, 좋은 학교 졸업장뿐.
나는 남의 것만 죽어라 외워 대는 거만한 멍청이들
사이를 굴러다니는 돌처럼 살았어.
그리고 왼손으로 쓴 비밀 노트를 남겼지.
물론 고급 라틴어가 아니라 누구나 쉽게 쓰는
이탈리아어로, 내가 경험하고 실험하고 관찰해서
얻은 모든 지식을 수두룩 빽빽하게 적었어.

또 꾸물대는군.

이런 배움이 아니라면 대체 뭐 하러 사는 거지?

피카소의
달걀 뺄셈

저건 뭐지 어슬렁 조각인가?
뼈다귀를 문 개가 주방을 어슬렁거리다니
이리 내놓지 못해!
이 뻔뻔스런 도둑개야! 어서 내놔!

나는 피카소야. 그런데 왜 뼈다귀를 물고 있냐고?
잘 들어 봐.
세상에는 두 가지 그림이 있어.
무얼 그렸는지 알 수 있는 그림과 알 수 없는 그림.
무얼 그렸는지 알 수 있는 그림은 손으로 그리지.
하지만 무얼 그렸는지 알 수 없는 그림은 생각으로 그려.
나는 고야와 벨라스케스, 엘 그레코와 세잔에게서 뼈대만 발라냈어.
그 뼈대로 생각의 곰국을 끓였지.
왜냐고?
세상에 그림을 잘 그리는 화가는 쌔고 쌨거든.
내가 살던 스페인 고향에선 내로라하는 화가 지망생이었지만
프랑스 파리에 와 보니 웬걸,
그림보다 더 정확한 카메라가 찰각대지 뭐야.
고시원처럼 꽉 막힌 다락방에 세를 얻어 곰팡이 핀 벽에
멋진 창문과 커튼, 벽장과 푹신한 소파를 그려 넣었지.
토마토와 마늘을 곁들인 빵,
온갖 해산물이 넘치는 사르수엘라,
카탈루냐식 내장 요리 대신
내가 날마다 먹는 건 달걀 오믈렛.
하지만 그게 다가 아냐. 그게 다가 아니라……

내 생각의 뼈다귀를, 온갖 잘나가는 화가들의 그림을
잘근잘근 질겅질겅 요리조리 물고 뜯고
오랫동안 충분히 나만의 단물이 나올 때까지
더하고 빼고 나누고 곱하고
그러다가 마침내 알았지.
때론 더하는 것보다 빼는 게 중요하단 걸.

이 모든 훌륭한 재료들을, 양념들을, 장식들을
모두 뺀 다음 달걀만 남겨 두는 거야.
그 남은 달걀만으로 다시 비틀고 나누고
겹치고 내려다보고 올려다보기.
그게 바로 내가 생각해 낸 나만의 그림이지.
이런 나를 현대 미술의 발명가래.
뭐, 어려울 건 없어.
손과 뇌 그 둘을 나만의 시종으로 만들면 돼.

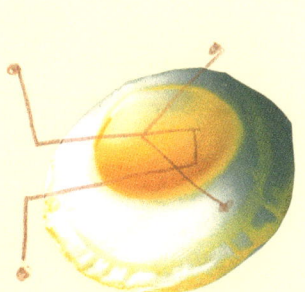

마르셀 뒤샹의 기성품 달걀

제기랄, 늘 백 미터 달리기에서 피카소에게 뒤지는 기분이야.
제논의 역설처럼 나는 아무리 기를 쓰고 달려가도
피카소 거북이를 따라잡을 수 없는 토끼가 된 기분이랄까.
내 이름은 마르셀 뒤샹. 직업은 화가.
난 벌써부터 알았어.
세상에 나보다 잘 그리는 화가는 차고 넘친다는 걸.
어느 날 아폴리네르가 내 그림을 보고 말했지.
대단히 추한 그림이다. 충격 받았지만 사실이야.
그래도 난 화가야. 그럼 난 어떻게 하지?
체스를 두면서 두뇌를 헤집었지.
체스는 하나하나 두면서 생각하기에 딱이거든.
다 끝나면 다시 처음부터 하나하나 복기하는 거야.
그때가 정말 생각이 영그는 시간이거든.
맞아, 난 생각을 잘하잖아. 그 누구보다도.
그래, 생각을 전시하자.
다른 화가들이 공들여 만든 작품을 전시할 때
난 골똘히 해낸 내 생각을 전시하는 거야.

누가 봐도 변기인데, 〈샘〉이라고 제목을 지어서
화가가 친필 사인을 하면 작품이 되는 거야.
이게 무슨 작품이냐고?

작가: 마르셀 뒤샹
제목: 샘

작가: 마르셀 뒤샹
제목: 옷걸이

제목: 단백질 공장
작가: 마르셀 뒤샹

작품은 작가의 서명으로 결판나는 게 현대 미술이라고
이 달걀 한 판이 말해 주잖아.
마트에서 달걀 한 판을 사 온다.
제목을 단백질 공장이라고 짓는다.
나 마르셀 뒤샹의 서명을 입힌다.
이제 사천 원짜리 달걀 한 판이 아주 비싼 작품이 되는 거지.
피땀 눈물 흘리며 만들고 그리느라 고생할 필요 없어.
이미 만들어진 기성품을 쓰면 돼.
피카소의 뺄셈 달걀을 뛰어넘는 혁명이야.

저기 썩은 냄새가 나요! 파리가 끓는다고요!

한나 아렌트의 정치적 달걀

어느 날 카페에서 아인슈타인이 내게 물었어.
"이제 물리학의 문제는 해결됐으니 한나 자네에게 한 가지만 물어보지.
삶의 의미가 뭐라고 생각하나?"
그때 우리는 둘 다 나치에게 쫓기는 유대인이었거든.
"던져짐이요, 알버트."
"알아듣기 쉽게 말해 주게나. 한나."
"우리는 지금 이 순간 이 세상에 던져진 거예요.
그리고 우리에게 던져진 모든 것들의 의미는 동등해요."
"오, 철학자들이란…… 정말 모르겠어."

아니, 나를 철학자라고 부르지 마.
철학자는 달걀 하나에 골몰하여 그 내면을 파고들지만 내 생각은 이래.
이 달걀에는 무엇보다 사회가 필요해.
사회는 정치를 낳지.
고로 달걀에게 가장 중요한 건 정치야.
나는 정치 이론가 한나 아렌트야.

달걀이 백날천날 내면을 파고들어 봤자 곯을 뿐이라고.
대체 무슨 말이냐고?
그 옛날 그리스를 주름잡던 소크라테스 영감님부터
고매하신 철학자들이 간절히 원한 건 하나.
어떻게 하면 정치 따위 외부의 방해를 받지 않고
오로지 철학에만 몰두할 수 있을까?
하지만 내 생각은 달라.
생각하기 위한 생각이 아니라
행동하기 위한 생각을 해야 돼.
가령 지금 이 세계에 던져진 유대인 아이들이 있어.
이 유대인 아이들을 나치의 손아귀로부터 건져 내
안전한 나라로 피신시키는 일이
내가 해야 할 가장 중요한 행동이야.
하루 24시간이 모자랄 만큼.

달걀 프라이 하나가 정치와 관련이 없다고?
진짜 그럴까?
달걀 농장의 임대료와 최저 임금, 달걀 값 책정과
서민 생활이 아무 관련이 없을까?
정작 중요한 문제는 이거야.

어떻게 하면 정치를 진지하게 받아들일 수 있을까?
어떻게 하면 생각을 행동의 도구로 쓸 수 있을까?

중요한 생각은 행동을 위한 생각이어야 해.
세상에 등 돌리고 껍질 속으로 들어갈 게 아니라
자, 알에서 깨어나야 해!
그러니 어서 알을 깨고 나와!
중요한 건 전체 대중 무리 사회라고.

달걀로 바위 치기

달걀로 바위 치기 같은 헛수고를 왜 해?
너만 깨졌잖아!

아니 바위도 깨졌어.
나는 무하마드 알리. 직업은 권투 선수야.
내가 끊임없이 한 일은 달걀로 바위 깨기.
나비처럼 날아서 벌처럼 쏘는 연습을 무지막지하게 했어.
1960년 로마 올림픽에서 금메달을 땄지.
하지만 어느 날 메달을 호수에 퐁당 던져 버렸어.
백인만 들어가는 식당의 인종 차별이라는 바위에
달걀을 던지는 심정으로.
켄터키주 노예 농장 주인의 이름을 딴 내 이름도
이슬람 이름으로 바꾸었어. 베트남전에 참전하라는
징집 명령을 거부해서 감옥에 갔지.
물론 챔피언 자격도 빼앗겼어. 하지만 나는
이런 달걀을 던졌지. 흑인이라고 개 취급 받는
사람들이 여기 있는데, 내가 왜 그 먼 곳의
사람들에게 폭탄과 총탄을 쏟아부어야 하지?
달걀로 바위 치기란 헛수고라고 하지만
그렇지 않아.
나처럼 백만 번 연습해 봐.
나비처럼 날아서 벌처럼 바위를 쏠 수 있을걸.
파킨슨병으로 떨리는 손으로라도.

데카르트의
달걀 좌표

난 데카르트. 직업은 귀족, 군인, 철학자, 수학자
뭐든 하고 싶은 걸 하는 거야. 신났겠다고?
전혀! 나는 어려서부터 아파서 늘 골골댔거든.
얼마나 아팠냐면 골골대다 죽을 줄 알았던 내가 다시 살아났다고
내 이름을 다시 살았다는 뜻의 '르네'라고 지었어.
비극적이라고? 꼭 그런 것만은 아냐.
아픈 덕분에 엄격한 기숙 학교에서 나만의 늦잠을 허락받았거든.
허리가 일으켜질 때까지 계속 침대에서 뒹굴거려도 된다.
왜 있잖아, 유난히 약해서 아침 조회에 안 나가도 된다든가
힘든 체육 시간에 편안히 앉아 있다든가 그런 애들.
암튼 내 인생의 동력은 누워서 뒹굴거리기야.
뒹굴뒹굴 생각력으로 모든 걸 의심하다가 기막힌 걸 알아냈지.
나는 생각한다 고로 존재한다.
그런데 계속 누워만 있었더니 등이 너무 가려운걸.
대체 어떻게 정확한 지점을 긁어 달라고 하지?

뒹굴력으로 또 하나 알아냈어.
좌표 평면 위에 점을 찍으면
정확한 지점을 전달할 수 있어.
저 파리는 x축 5 y축 5 지점에 있군.
그게 뭐가 대단하냐고?
난 등이 아니라 **우주에 좌표를 그린 거야.**
우주의 허공에서 어디에 점을 찍어야 할지 알 수 없었던
유클리드 기하학으로부터 도형의 방정식으로
가뿐하게 순간 이동한 거지.
이제 좌표만 있으면 아무리 구부러진 모양도
방정식으로 뽑아낼 수 있거든.
그럼 아무리 구부러진 우주라도 찾아갈 궤도를 그려 낼 수 있잖아.

그런데 저 파리는 자기가 기어가는 저 길이 굽었다는 사실을 알까?

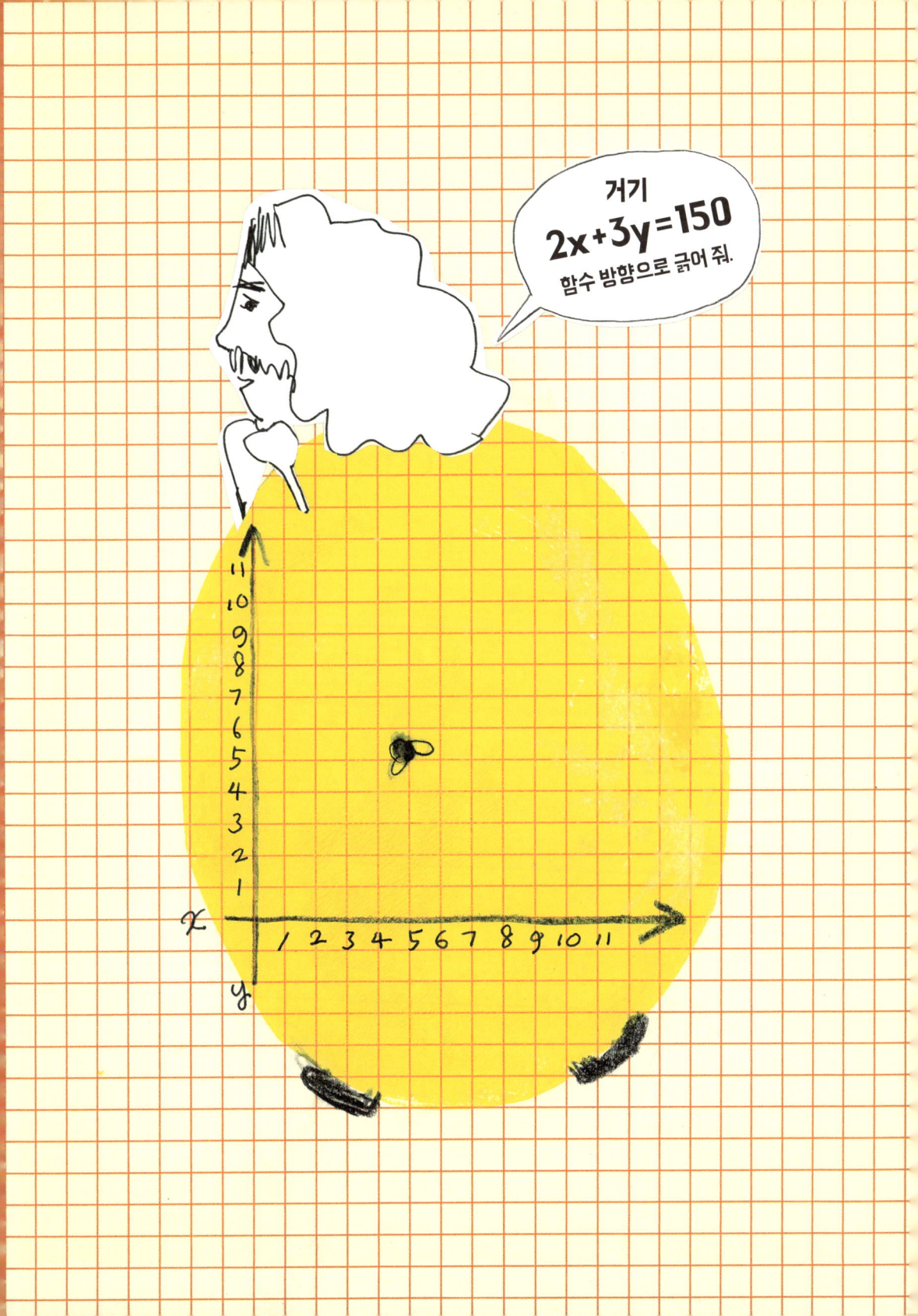

뉴턴의 만유인력 달걀

내 이름은 뉴턴. 크리스마스에 아빠 없이 태어났어.
취미는 혼자 놀기. 최애 장난감은 하늘과 바람과 별과 빛.
특기는 연구 업적 발표 안 하고 처박아 두기. 왜냐고?
눈으로 보고 귀로 듣고 그 나쁜 머리로 판단할까 봐.
머리 나쁜 귀족 학자라면 지긋지긋하거든.
난 원래 양치기 출신. 엄마가 양들이나 돌보라고 맡겼지.
하지만 난 양들에게는 1도 관심 없어. 내가 말했잖아.
내 최애 장난감은 하늘과 바람과 별과 빛이라고.
빛을 하염없이 바라보고 노니는 걸 본 우리 삼촌이
엄마를 겨우 설득해 나를 대학에 보내는 데까지는 성공했어.
하지만 난 흙수저. 케임브리지 근로장학생으로 머리 나쁜 귀족 선생과
학생들 뒤치다꺼리하느라 내 공부를 할 시간이 거의 없었어.
바로 그때 그게 찾아왔지.
페스트. 유럽을 잡아먹은 무시무시한 전염병 페스트가 퍼지자
대학은 벌벌 떨면서 학생들을 집으로 돌려보냈어.
근로장학생의 근로 끝. 휴식 시작…… 난 푹 쉬었지.
노느니 장독 깬다고 쉬는 동안 몇 가지 법칙을 발견했어.
그게 뭐냐고?

나는 드넓은 진리의 바다에서
모양이 신기한 조약돌이나 예쁜 조가비를 발견하고
즐거워하는 어린아이였을 뿐이다.

뭐 알아듣지도 못하겠지만 쉽게 말하자면,
너 게임 한번 시작하면 계속하고 싶지?
그게 관성의 법칙이야. 처음에는 느긋하게 시작했다가
점점 네 손목의 움직임이 빨라지지. 그게 가속도의 법칙.
그 꼴을 보고 엄마가 잔소리 폭탄을 퍼부으면 넌 문을 쾅 닫고 나가지.
그게 작용반작용의 법칙이야.
보통은 이렇게 알아듣기 쉽게 설명하지 않아.
그러면 내 강의에 학생들이 몰려들거든.
학생들이 많아질수록 귀찮은 일이 늘어나고
내 연구를 할 시간이 적어지거든.
그래서 난 강의를 암호처럼 했어. 나만 알아듣는 암호로.
덕분에 강의실은 텅텅 파리 날리고 덕분에 난 연구에 몰입할 수 있었지.
흐흐. 사람들에게는 암호로 말하고 나 혼자 시간을 보낸다.
이게 내 연구 전략이야.

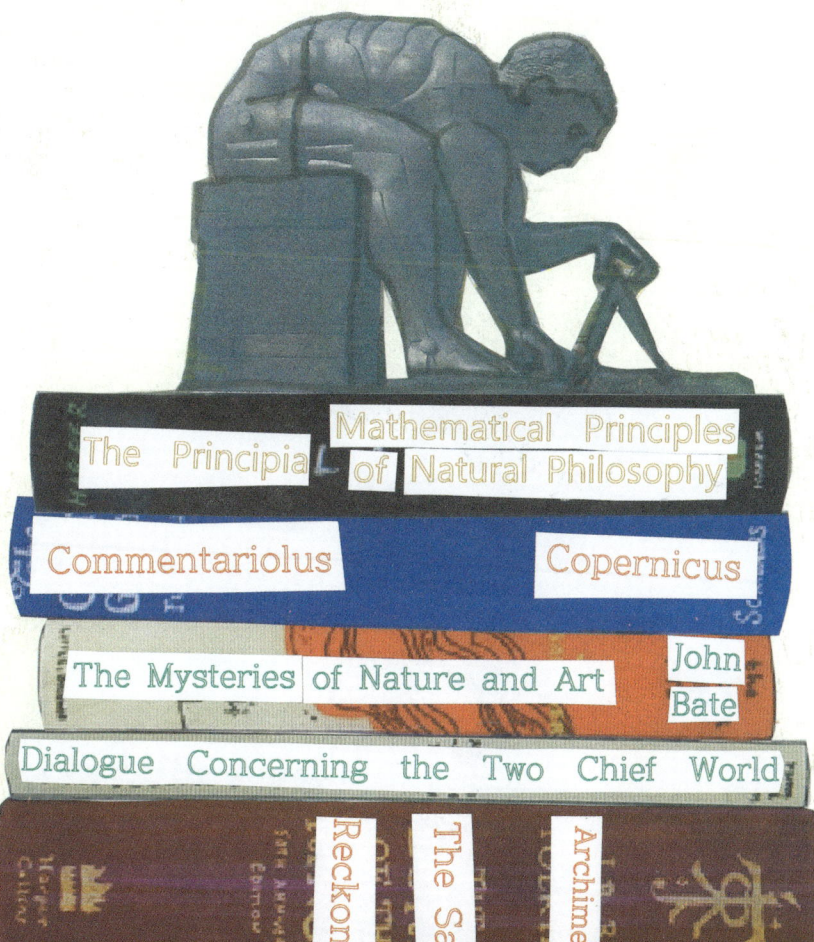

그나저나 아까 그 파리는 데카르트의 등이 굽었다는 걸 모르겠지만
나는 내가 걷는 이 길이 굽었다는 사실을 알지.
우리 눈에 평평하게 보인다 해도 지구는 달걀처럼 둥그니까.
그런데 아직도 풀리지 않는 의문이 있어.
이 달걀은 땅으로 떨어지는데
왜 저 달은 지구로 떨어지지 않는 걸까?
그러니까 내가 알아낸 건 이거야.
달도 물론 떨어지고 있다.
다만 지구와 달이 서로 잡아당기는 힘에 의해
서로 부딪치지 않고, 일정한 궤도를 도는 거야.
우주의 모든 별들이 지구로 떨어지지 않는 건
바로 만유인력의 법칙 덕분이지.
누가 일부러 멈추지만 않으면
모든 우주의 천체는 일정한 속도로 움직인다.
달걀도 떼굴떼굴 굴러간다. 누가 일부러 멈추지만 않으면

푸앵카레라는 수학자가 그랬어.
수학은 다른 사물에 같은 이름을 붙여 주는 거라고.
무슨 뜻이냐고?
달걀이 없으면 뭐라고 하지? 0
오리알이 없어도 0 꿩알이 없어도 0
오징어가 없어도 0 사과가 없어도 0
다 다른데 다 같이 0이야.

달걀을 닮은 타원형 동그라미 0
0이 숫자의 빅뱅이야.
뻥!
뚫린 구멍으로 무한이 보여.
0이 나오자 음수도 태어나고
유리수가 생겨나고 무리수가 생겨나고 허수까지 태어나도
0을 이길 수는 없어.
0은 없을 무無이자 영원한 무한이거든.

달걀이 없어!
에그머니나!

우사인 볼트의
오백 마일 달걀

아함~ 실컷 잘 잤네.
아침은 언제나처럼 달걀 샌드위치.
자, 그럼 대회에 출전해 볼까?
준비 땅!
언제나 지겨운 기자들은 언제나 똑같은 질문.
"우사인 볼트 씨, 어떻게 그렇게 빨리 달려요?"
"나는 다른 선수들이 거대한 거미들이라고 상상해요.
거대한 거미들이 쫓아온다고 상상하는 거죠.
그럼 겁먹은 내가 죽을힘을 다해 달아나거든요."
언제나 지루한 기자들은 휘둥그레진
얼굴로 뇌까리지.

육상 선수로선 지나치게 키가 크고,
척추 측만증을 앓고 있으며,
느슨한 식이요법에 늦잠을 즐기는
우사인 볼트가 총알처럼 달리는 비법은
바로 **상상력**이다.
다리를 빨리 굴리려면 먼저 머리를 굴려야 한다.

브라운 신부의 홍차 달걀

헉! 내 평생 이렇게 머리를 빨리 굴려 보기는 처음이야.
시험 보냐고? 글쎄, 인생의 시험이랄까?
방금 어느 가난한 영혼이 내 머리에 총구를 겨누었거든.
우아하게 내일 이끌 결혼식을 연습하던 찰나
"보석 내놔." 범인이 나를 겨누며 말했어.
헉! 늘 죽음과 부활을 설교하지만, 이런 순간에 총구를 맞이할 줄이야.
나는 놀란 두꺼비눈을 껌벅이다가 마침 중요한 게 생각났어.
"저기, 총 든 신사 양반 마침 달걀을 삶던 중인데, 당신도 한 달걀 하겠수?"
"지금 장난해? 방아쇠를 당겨야 정신을 차리겠어? 이 배불뚝이 신부야?"
분명 범인은 배고픈 게 분명해.
배고픈 거 말고 저렇게 화낼 일이 세상에 뭐람.
난 마지막 기도를 되뇌듯 중얼거렸어.

"젊은이에게는 이미 세 가지 보석이 있는데 모르시오?"
"무슨 귀신 씨나락 까먹는 소리야?"
"먼저 이 늙은이에게 없는 젊음과 내게 총을 겨눌 용기
그리고 총이 아니라 우산을 쓰는 재치가 있잖소.
이제 이런 일은 그만두면 좋겠네만······
선한 일에는 한도가 있지만 나쁜 일에는 한도가 없는 법이거든.
시작은 미약해도 점점 더 나빠져서 결국 파멸할 뿐이라오.
퍽, 이 달걀처럼 깨지고 말지. 하지만 어차피 그럴 거라면
그전에 달걀을 먹는 것도 나쁘진 않지 않겠소?"
그 뒤로 어땠는지 궁금하다면 배불뚝이 신학자 소설가 체스터턴이
쓴 탐정물 브라운 신부를 읽어 봐. 어떤 순간에도 맛있는 걸
즐기던 이 배불뚝이 소설가는 이렇게 말했거든.

이봐요, 인생은 풀어야 할 골치 아픈 문제가 아니라
겪어야 할 놀라운 신비라오. 이 달걀 맛만 해도 그래요.
이 영국 홍차와 진짜 잘 어울리지 않소?

이 홍차는
유난히 맛있네요.

참외는 입맛을 되찾아 주지요.

그런데
저 두 사람은
달걀을
먹지 않고
뭐 하는 거지?

세잔과 푸앵카레의
세상의 모든 모양

푸앵카레의 세상의 모든 달걀

밖에는 세상없이 눈이 내리고
우리는 세상없이 카드놀이를 하고 있지.
우리가 누구냐고? 나는 푸앵카레, 내 앞에는 세잔이야.
무슨 카레 이름이냐고? 그렇게 생각해도 상관없어.
세상에 아무리 카레가 많아도 몇 가지 재료가 기본이듯이
저 밖에 내리는 눈송이 모양이 다 달라도 기본은 모두 육각형이야.
우주도 그렇지 않을까?
우리는 카드놀이를 하면서 우주의 모양을 그려 보고 있어.
이 접시와 달걀은 세상의 모든 공과 같은 모양이고
커피 잔과 도넛은 세상의 모든 튜브와 같은 모양이죠.
그렇다면 우주를 이루는 모양은 몇 가지나 있을까요?
세잔은 대답 대신 사과와 오렌지, 물병과 그릇들을 그렸어.
마치 이것들은 가만 보면 비슷한 모양이라고 말하는 것처럼.
그리고 얼마 뒤 어떤 수학자가 계산했어.
우주를 이루는 모양은 아무리 많아야 한 여덟 가지쯤 된다고.
그 후로 삼십 년 동안 이 가설에 대해 아무 대답도 들리지 않았지.
러시아의 깊은 숲에서 고요한 메아리가 들려오기 전까지는.

페렐만의 달걀빵

내 이름은 페렐만. 직업은 수학자야.
쉿! 누가 나를 따라오지 않나 잘 봐.
지겨운 기자들이 지루한 적들이 늘 숨어서 나를 잡으려고 하거든.
그들이 원하는 건 단 하나,
"아니, 페렐만 씨? 왜 필즈상과 상금 백만 달러를 거부하신 겁니까?"
딱 한번 그들의 지긋지긋한 질문에 친절하게 대답해 주었지.
"전 이 달걀빵만으로 충분하거든요. 더는 필요 없어요."
날마다 이십 리 숲속 길을 걸어서 달걀빵을 사러 가.
날마다 이십 리 숲속 길을 걸어서 아파트로 돌아오지.
오가는 길에 곰곰이 생각해.
이 우주에 밧줄을 던져 쭉 잡아당겨서 줄이 다시 다 돌아온다면
우주의 모양은 공과 같다고 할 수 있을까?
푸앵카레는 내게 생각할 문제를 던졌고
나는 마음을 다해 그 문제를 풀었어.
그런데 내 증명은 거들떠보지 않고 그들이 궁금한 건 단 하나,
"아니, 페렐만 씨? 왜 필즈상과 상금 백만 달러를 거부하신 겁니까?"
이제 나는 알아. 설령 내가 친절하게 대답해 준다 해도
그들은 알아듣지 못한다는 걸.

우주를 본 사람에게 다른 게 또 필요할까요?

수학의 세계로 들어가는 문

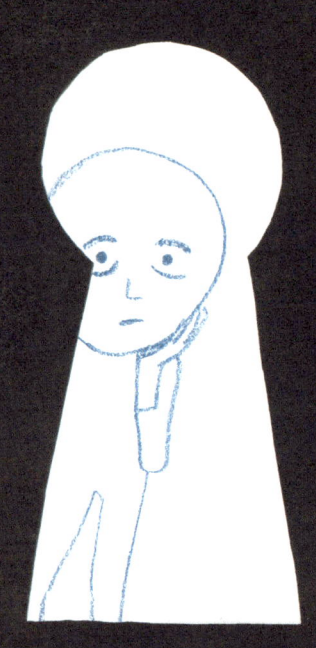

달걀 공화국

우주 어딘가에 달걀 공화국이 있어.
믿거나 말거나 그 나라에는 날마다 달걀 두 개를 먹고
달걀 방정식을 생각해 내는 물리학자와
달걀 샌드위치를 먹으며 모래알을 세는 늙은 수학자와
달걀을 깨뜨리며 시련에 빠진 아이를 구하는 철학자와
날마다 달걀빵을 사러 검은 숲을 오가며
우주의 모양을 계산하는 외톨이 수학자가 살아.
그 나라에선 산 입에 거미줄 칠 걱정 따위는 하지 않아.
오로지
달걀 하나에 수학과
달걀 하나에 시와
달걀 하나에 정치와
달걀 하나에 우주 전체의 비밀.
그게 전부야.
그런 나라가 어디에 있냐고?
떼구루루 달걀 굴리듯이 타박타박 뒤꿈치를 움직여
생각 공장을 돌려 봐.
자유로운 전자처럼 뻥뻥 뛰어오르는 생각들을
뒤꿈치로 옮기며 걷다 보면 너도 어느새 그 나라에 다다를 거야.